J i

Wie heißt du?

Kim

Umi

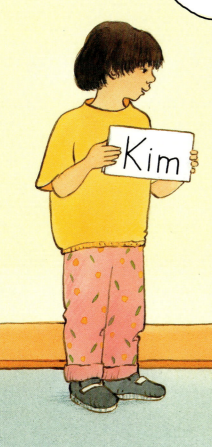

U m i   Umi
U m i   Um
Umi   U

Zum Vorlesen

Gute Nacht

Ich decke mich zu
und recke mich,
ich kuschel mich
und strecke mich,
ich dreh mich um
und schlafe ein.

Dann träum ich einen
schönen Traum.
Der Traum gehört mir
ganz allein.

Mama am

 im

Umi im

Mia am

Tim mit Umi am 🚸
Mama, Mama!
Tim, Tim!

Mama mit Mia am

Umi mit Mia im

Zum Vorlesen

Eine schwarze Miezekatze
kratzte mit der Miezetatze
an dem Haus
von Frau Maus.
Maus schaut raus,
Katz bleibt drauß.
„Bitte, treten Sie doch ein!"
piept Frau Maus
spitz und fein.
Katze steckt den Kopf ins Loch,
bleibt drin stecken,
wußt ich's doch.

Oma mit Timo,
mit Tom,
mit Uta,
mit Mama,
mit Umi.

Oooh!

Oh, Schokolade!

O mi
Ti m
O ma
U ta
Ti mo
T o m

Lilo malt Umi mit

Lotta malt Umi mit

Uli malt Umi mit

Timo malt Umi mit

Oma malt Umi mit

Nina
Schülerin

Nudel

Wer kann das denn lesen?
Wer wird denn das lesen?
Kann man das denn lesen?

Toni

Das Wochenende ist vorbei.

Jmmer mehr Blätter wachsen aus den Ästen.
Jm Wind rauschen die Blätter.
Vögel bauen ihre Nester.

Nase

Mit wem kann ich Briefmarken tauschen?
Anna

Diesen Knopf tausche ich gegen eine schöne Muschel.
Nils

Weit weg von hier liegt das Schlaraffenland. Wer hinein gelangen will, muß sich durch einen Berg aus köstlichem Reisbrei hindurchessen. Und dann braucht man nur in diesem Wunderland, satt zu werden; da zustecken und den Mund aufmachen. Liebe Würstchen an den wachsen... aus die Bäumen.

| n | ist in Ni | n | a.

| n | ist in Ti | n | a.

| n | ist in Li | n | a.

N ist in N ina.

N ist in N ana.

N ist in N ils.

Alle lesen

Ela, Nina, Anna,
Timo, Ute, Lena,
Ali, Lisa, Emil,
alle lesen.

Nun soll Umi lesen.

Emil   Ela   Ute   Timo   Lena

Umi

Nina   Ali   Lisa

E e

Mio mit Esel
Umi mit Ente
Lena mit Ele

So, Umi!

Anna

Alle lesen nun mit Umi.

Jst ein 🔴 im Ei?

Jst eine 📿 im Ei?

Nein, nein!

Jm Ei ist ein

Jst eine 🐭 im Ei?

Jst ein 🟢 im Ei?

Nein, nein!

Jm Ei ist ein

Ei ei

Jst ein  im Ei?

Jst ein  im Ei?

Nein, nein!

Jm Ei ist eine

Jn meinem Ei ist ...

Willi weint

Willi will lesen.

Willi will mit Nina lesen.

Wo ist Nina?

Willi ist allein.

Willi ist so allein.

Wo ist Mama?

Was ist mit Mama los?

Jst Mama mit Oma im  ?

Wo ist mein Umi?

Umi, mein Umi!

W w

Zum Vorlesen

Paul, der Bär

„Jch mag nicht mehr",
sagt Paul, der Bär.
„Jch zieh jetzt aus,
weg von zu Haus.
Die Höhle ist für uns zu klein.
Jch will ein Haus für mich allein.
Und weil ich's mir nicht leisten kann,
fang ich gleich zu bauen an.
Komm mich doch mal besuchen,
dann back ich für uns Kuchen."

Hermann Krekeler

Hier sitzen zwei Bärchen,
ein fröhliches Pärchen,
das eine heißt Wuschel,
das andere Kuschel.

Wir reimen

Martin reimt so:

See
Tee

Sonne
Tonne

Turm
Wurm

Meise
Reise

Rita reimt so:

| Nase | Rolle | Rose | Sessel |
| . ase | . olle | . ose | . essel |

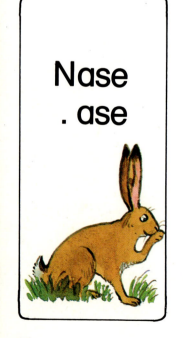  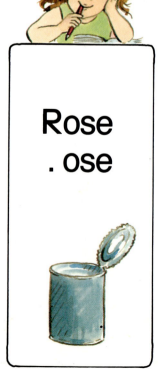 

Umi malt Reime

R r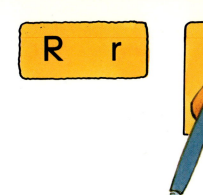

Alle raten,
was es sein soll.

Zum Vorlesen

Schwi — Schwa — Schweinchen
haben kleine Beinchen.

Haben einen Bi — Ba — Bauch
— und du auch.

Dietrich Lange

Eine Dose

Da ist eine Dose,
eine alte Dose.

Udo nimmt sie mit.
Er sammelt alte Dosen.

Udo malt sie rot an.

Was will er
mit diesen alten Dosen?

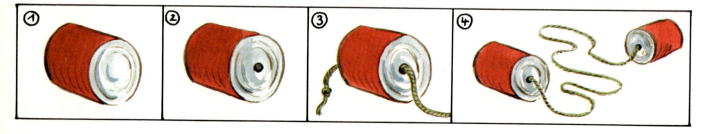

Eine Maus

Da ist eine Maus,
eine Maus im Auto!
Was will die Maus im Auto?
Die Maus will raus.

Die Maus ist nun
im alten Sessel.
Raus, Maus,
raus aus dem Sessel!

Nun ist die Maus im Eimer.

Was will die Maus
im Auto,
im Sessel,
im Eimer?
Die Maus will ein

Jm Haus

Martin und Anna,
Lena und Mama
sind im Haus.

Anna liest.

Martin malt
eine Laterne.

Lena reimt.

Hund — Mund
Hand — Wand
Haus — Maus
Hase — Nase
Hose — Dose

H h

Und Mama?

Sie holt die Dose.

Alle essen aus der Dose.

Was hat Umi in der Hand?

Lisa und Fred helfen

Wo ist Susi?
Lisa und Fred finden sie
auf einem hohen Ast.
Sie miaut laut.

Lisa und Fred
wollen ihr helfen.
Oh, Susi ist
so dumm!

Lisa und Fred

holen Frau Feller.

Sie ruft Nummer 112 an.

Zum Vorlesen

Fellers Fred
fährt mit dem Feuerwehrhauptmann
im Feuerwehrauto.

Jm Feuerwehrauto
fährt Fellers Fred
mit dem Feuerwehrhauptmann.

Wo ist Kati?

Die Kinder sind in der Klasse.

Sie lesen alle.
Wo ist Kati?
Jst Kati krank?

Der Rektor kommt in die Klasse.

Katis Mutter hat mit ihm telefoniert.

Kati hat Husten und Halsweh.

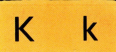

Zum Vorlesen

Umi tröstet

Der Daumen tut weh
und wie ich das seh
ist er morgen ganz bunt wie ein Bild

Der Daumen tut weh
und wie ich das seh
ist er bald so gelb wie die Sonne

Der Daumen tut weh
und wie ich das seh
ist er immer noch rund
und bald wieder gesund

Jngeburg Kanstein

Kati ist krank

Es ist kalt.

Es ist Winter.

Kati ist im Bett.

Sie hat Fieber.

Der Hals tut ihr weh.

Die Ohren tun weh.

Kati weint.

Arme Kati!

Da kommen

Martin und Anna,

Lena und Bert.

B b

Alle lesen, malen und basteln.

Sie bauen Umi ein Haus
und basteln ihm
einen Hut.

Nun ist Kati wieder froh.

AUSSCHNEIDEN UND KLEBEN

Timos Eltern sind fort.
Timo ist allein.

Er nimmt eine Schere.

Schon schneidet er aus:
ein Auto,
einen Ball,
einen Baum,
eine Ente,
ein Schiff,
ein Schaf,
ein Schwein,
einen Schirm,
ein Haus,
ein Kind.

Sch sch

Daraus klebt er ein Bild.

Was schneidet Umi denn da aus!

Christina kann nicht einschlafen

Eines Abends
kann die kleine Christina
einfach nicht einschlafen.

Da macht sie das Licht an
und holt sich ihren Umi
ins Bett.
Sie nimmt ihn fest in den Arm
und schmust mit ihm.

Doch sie kann
immer noch nicht einschlafen.

Der Hund, der Esel,
das Schaf, die Ente,
das Kaninchen, die Maus
und der Troll
sollen auch mit in mein Bett,
denkt Christina.

Ch   ch

Also holt sie
- den Hund,
- den Esel,
- das Schaf,
- die Ente,
- das Kaninchen,
- die Maus und ...

Den Troll kann sie nicht mehr holen, denn ...

Gefunden

Die Schule ist aus.
Gitta und Gerd
gehen nach Haus.

Auf dem Weg finden sie
eine kleine rote Tasche.
Darin ist eine Menge Geld.

„Au fein",
sagen beide.
„Wir behalten es.

Mutter hat morgen Geburtstag.
Wir kaufen ihr
ein tolles Geschenk."

Nun kommt Udo.

Er kennt die Tasche.

Es ist Oma Gieses Tasche.

Pause

Es ist Pause.

Alle Kinder laufen auf den Schulhof.

Peter will seine Banane noch essen.
Er nimmt sie mit auf den Hof.

Die Schale wirft er einfach weg.

Da kommt Herr Peters.

P p

Schon ist es passiert!

Er rutscht aus
und liegt auf dem Boden.
Alle Hefte liegen
um ihn herum.

Paul und Pia lachen.

Andere Kinder
finden das gar nicht lustig.

Ein Fest

Tina hat Geburtstag.

Mama backt Kuchen,
Papa deckt den Tisch.

Endlich ist es soweit.
Die Tür geht auf.

Da kommen
Martin und Anna,
Gerd und Gitta.

Sie wünschen Tina Glück.

Tina packt ihre Geschenke aus.

Martin hat für Tina
eine Tüte Nüsse gekauft.
Anna bringt ein Buch mit.

Ü ü ck

Gerd und Gitta

tragen eine Schachtel

mit alten Hüten,

bunten Tüchern

und lustigen Kostümen.

Was wollen sie damit machen?

Vater

Wenn Vater
von der Arbeit kommt,
ist er oft müde.

Manchmal
lese ich ihm
aus meiner Fibel vor.

Manchmal
basteln und bauen wir.

Dann holen wir
die Eisenbahn.

Dann reden wir auch
von vielen Dingen.

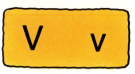

Peter nimmt Umi in die Hand.

Umi redet mit Vater.

 : „Wann gehst du mit mir ins Schwimmbad?"

Vater : „Ach, ich bin so müde."

 : „Liest du mir eine Geschichte vor?"

Vater : „Nachher!"

 : „Baust du mit mir einen Turm?"

Vater : „Bald!"

 : „Wann?"

Vater : „Morgen!"

Jmmer diese dumme Arbeit!

Bimbo, das Äffchen

Die Kinder der Klasse 1a
drängeln sich
vor dem Affenkäfig.

Bimbo, das Äffchen,
macht eine große Schau.

Es rennt im Käfig
hin und her.
Es schaukelt mit dem Seil.
Es klettert am Gitter hoch.

Bimbo macht tolle Sachen.
Die Kinder lachen.

Ä ä ß

Anna füttert Bimbo
mit Erdnüssen.

Das Äffchen beißt
eine Nuß nach der anderen auf
und frißt sie.

Nun wirft Bimbo
mit den Schalen.

Eine Schale landet
mitten in Annas Gesicht.

Sterne

Es ist schon fast dunkel.
Bald ist es Nacht.

Vater und Steffi
stehen am Fenster
und schauen den Himmel an.

Sterne, Sterne,
überall Sterne!

Steffi staunt.
Hoch oben
steht ein großer, heller Stern.
Und dort sind viele, viele kleine.

Vater erklärt Steffi
die Sternbilder.

St st

Stern, Stern, scheine, der Mond, der ist noch kleine.

Singe, Vogel, singe, der Mond ist guter Dinge.

Zum Vorlesen

Er nimmt zu und nimmt ab, aber ändert sein Gewicht nie.

Der Mond

Vater kauft ein

Es fehlt Milch,
es fehlt Brot.
Butter ist auch nicht mehr da.

Mutter braucht noch Öl.
Eva möchte Schokolade.

„Komm mit, Eva!"
Jm Laden ist es voll.

Wo ist die Milch?
Wo finde ich Öl?
Wo liegt die Butter?

Vater packt auch Brötchen
in den Wagen.

Ö ö

Eva trödelt hinterher.

Sie sieht
ein Glas mit
bunten Gummibärchen.

Sie rennt hin,
stolpert
und stößt einen Berg Dosen um.

Sie rollen laut
über den Boden.

Eva weint,
und Vater tröstet sie.

Bei der Zahnärztin

„Au, au, mein Zahn
tut weh!"

Tim weint.

„Wir müssen
zu Frau Zander gehen",
sagt Mutter.

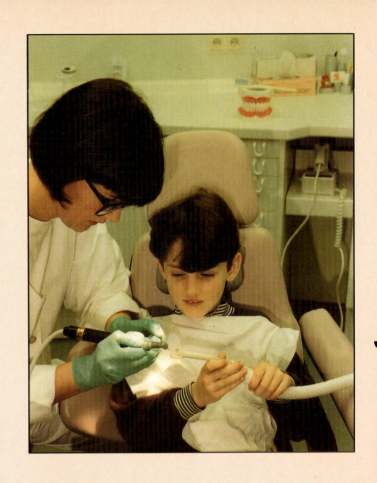

Tim nimmt Umi mit.
Die Ärztin schaut sich
Tims Zähne an
und tröstet ihn:

„Jn deinem Backenzahn
ist nur ein Loch", sagt sie.

Frau Zander
bohrt ganz vorsichtig.

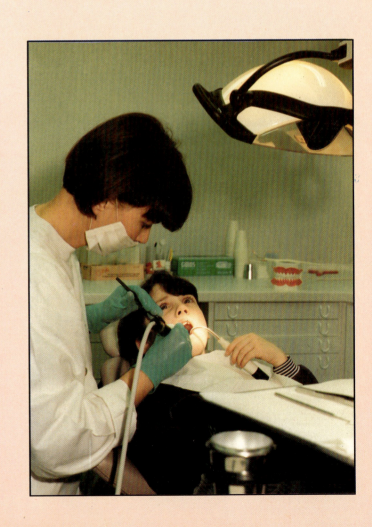

Z z

„Und was ist mit deinen Zähnen?"
fragt sie Umi.

Der macht sein Maul
ganz fest zu
und will seine Zähne nicht zeigen.

Zum Vorlesen

Die Schimmelchen, die weißen,
können kauen und beißen.
Doch jedes Kind wird wissen,
daß wir sie putzen müssen.

Die Zähne

Spannung, Spiel und Spaß

Einladung zur Gespensterparty

Wo: bei Sylvia
Wann: Mittwoch
Zeit: 16.00 Uhr

Bringt mit:

ein weißes Bettuch,
eine Taschenlampe,
Rasseln, Ketten und
andere Dinge
zum Krachmachen

Sylvia

Alle haben sich verkleidet.
Jm Zimmer ist es ganz dunkel.
Die Vorhänge sind zugezogen.

Jn allen Ecken
hocken die kleinen Gespenster.
Sie sprechen nicht.
Es ist ganz unheimlich.

Da schlägt Yvonne auf eine Trommel.
Nun werden die Gespenster munter.
Sie springen aus ihren Verstecken,
rasseln mit den Ketten
und rufen: „Huhu — huhu — huhu!"

Dann schlägt Yvonne wieder
auf die Trommel.
Schade, der Spuk ist vorbei!
Das war spannend!

Träume

Das Kind wird müde.
Es macht seine Augen zu
und träumt.

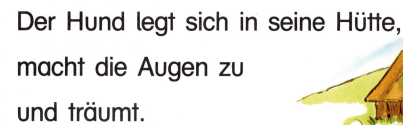

Das Mäuschen läuft in sein Loch,
macht die Äuglein zu
und träumt.

Der Hund legt sich in seine Hütte,
macht die Augen zu
und träumt.

Das Häschen hoppelt in den Stall,
macht die Äuglein zu
und träumt.

Und Umi?

Claudia träumt

von einer weiten Reise

in ein fernes Land,

vom Ritt auf einem Kamel,

von einer Fahrt

auf dem Meer.

Nico träumt

von Ferien auf einem Bauernhof,

vom Reiten auf einem Pony,

von einem Hund,

der Rico heißen soll.

Und wovon träumst du?

Geburtstagskalender der Klasse 1

Januar

11. Jochen

23. Nina

Februar

6. Maja

15. Anna

28. Timo

März

3. Maike

15. Jutta

30. Jürgen

Juli

23. Katja

27. Kai

August

6. Claudia

12. Rainer

September

3. Jan

15. Yvonne

24. Martin

| J j | ai |

April

1. Umi

12. Julian

Mai

5. Benjamin

7. Steffi

Juni

3. Sonja

12. Jörg

Oktober

12. Sylvia

21. Jonas

November

16. Jakob

24. Tanja

Dezember

6. Nicola

24. Christa

Der dicke fette Pfannkuchen

Die Mutter hatte
einen dicken fetten Pfannkuchen
gebacken.
Die Kinder wollten ihn essen.

Da hüpfte er
aus der Bratpfanne heraus
und lief fort.

Er lief den Kindern fort,

dem Großvater,

der Katze,

dem Hahn,

der Gans

und dem Schwein.

Er lief immer weiter

und weiter

in die Welt hinein.

Die kleine Eule sucht einen Freund

Alle Tiere
hatten einen Freund,
nur die kleine Eule nicht.

„Willst du mein Freund sein?"
fragte sie
den bunten Hahn und
die kleine weiße Ziege,
das wollige Lämmchen
und den grauen Esel.

Aber alle hatten schon
einen Freund.

Eu eu

Da wurde die Eule
sehr traurig.

Dicke Tränen kullerten
über ihre Federn.

Sie versteckte sich
auf einem Heuboden
und heulte,
weil sie so einsam war.

Willst du mein Freund sein?

Hexe Trixi Wackelzahn

Der Rabe Xaver
hat der kleinen Hexe
das dicke Zauberbuch gebracht.

Nun will sie hexen:
„Hix, hex,
hix, hex,
es soll lauter Bonbons schneien!"

Aber verflixt, was ist das?

Vom Himmel fallen
viele bunte Blumen.

Der Rabe macht nur
krax, krax
und denkt:
'Dumme kleine Hexe!

X x

Umi zaubert auch:

„Schwarze Katz
und Zuckermaus,
morgen fällt
die Schule aus."

Eine Quatschgeschichte

Eine Lehrerin ist aus der Klasse gegangen,
und die Schulkinder
waren einen Augenblick ganz allein.
Sie sind von ihren Stühlen aufgestanden.
Sie sind in der Klasse herumgerannt.
Sie sind auf die Tische geklettert.
Sie haben sich auf dem Fußboden gewälzt.
Sie haben viel Quatsch gemacht.
Und es ist laut gewesen, so laut!

Die Lehrerin hat es draußen gehört.
Sie ist ganz schnell gekommen.
Sie hat die Tür aufgemacht
und sie hat . . .

Qu qu

quieken

quatschen

quer

quaken

Quark

Qualle

Quelle

Qualm

Sie hat gelacht.
Die Lehrerin hat nicht geschimpft.
Sie hat nämlich auch gerne Quatsch gemacht.

Fips, der kleine Hund

Das ist der kleine Fips.
Er läßt den Schwanz hängen.
Fips ist gar nicht froh.
Er läßt die Ohren hängen.
Er ist so traurig.
Fips, was fehlt dir?

Niemand spielt mit ihm.
Niemand gibt ihm Futter.
Fips hat kein Zuhause.

Fips läuft die Straße hinunter.
Er guckt nach rechts.
Er guckt nach links.
Vor jeder Pforte bleibt er stehen.
Jn jeden Garten guckt er hinein.

Will denn niemand einen kleinen
Hund haben?

Krümel

Es ist Sonntag.
Jan freut sich auf das Ausschlafen.
Aber frühmorgens wird er
von Krümels Maunzen geweckt.
Er öffnet das Fenster,
um den Kater hereinzulassen.
Doch es ist kein Kater draußen.
Jan legt sich wieder ins Bett.
Da maunzt es von neuem.
Widerwillig steht Jan noch einmal auf
und schaut vor der Zimmertür nach.
Kein Kater da!
Jan krabbelt ins Bett zurück,
zieht sich die Decke über die Ohren
und will das Maunzen nicht mehr hören.
Aber es maunzt und maunzt.
Jan wird richtig ärgerlich.

„Aber vielleicht ist Krümel in Not?"
denkt er dann. „Jch muß
wohl vor dem Haus
nachsehen."

Dazu braucht Jan seine Jacke.
Er öffnet die Schranktür,
und heraus stolziert maunzend
und ein bißchen beleidigt —
der Kater Krümel.
Jan hatte ihn am Abend
im Schrank eingeschlossen,
ohne es zu merken.

Die ganze Familie

Der Vater, der heißt Daniel,
der kleine Sohn heißt Michael,
die Mutter heißt Regine,
die Tochter heißt Rosine,
der Bruder, der heißt Christian,
der Onkel heißt Sebastian,
die Schwester heißt Johanna,
die Tante heißt Susanna,
die Oma heißt Ottilie,
nun kennst du die Familie.

Mein Freund und ich

Das ist Jens.

Er wohnt auf der gleichen Straße,
nur zwei Häuser weiter.
Wir verstehen uns gut.

Morgens gehen wir
zusammen zur Schule.

Nachmittags spielen wir gemeinsam.
Mit unserem Rad
sausen wir die Straße hinunter.

Wir laufen auch oft Rollschuh.

Jens hat immer neue Jdeen.

Neulich haben wir aus
alten Decken
eine Bude gebaut.

Als ich krank war,
hat Jens mich besucht.
Da haben wir zusammen
mit Legosteinen gespielt.

Es ist gut,
so einen Freund zu haben.

Siebenschläfergeschichte

Es war einmal ein Siebenschläfer,
der hatte sieben Freunde.
Er konnte jeden Tag
mit einem anderen spielen.
Oder sie konnten alle zusammen spielen.
Trotzdem kam es vor,
daß alle sieben Freunde
keine Zeit für ihn hatten.
„Du kannst mit dem Neuen spielen,
der oben wohnt", sagte der Vater.
„Der Neue ist blöd",
sagte der Siebenschläfer.
Trotzdem klingelte er oben und sagte:
„Kommst du Rollschuh laufen?"
Am Abend sagte der Siebenschläfer:
„Der Neue ist gar nicht blöd."
So kam es, daß der Siebenschläfer
einen neuen Freund hatte.

Und nun kommt eine schwere Frage:

Muß der Siebenschläfer jetzt
mit einem von den alten Freunden
Streit anfangen?
Oder kann ein Siebenschläfer
acht Freunde haben?

Der Hase und der Elefant

„Sag nicht immer Kleiner zu mir!" sagte der Hase zum Elefanten.

„Es war nicht bös gemeint", sagte der Elefant.

„Bestimmt nicht?"

„Ehrenwort!"

„Jn Ordnung!" sagte der Hase. „Dann wollen wir wieder Freunde sein! — Dicker, wie wär's? Wollen wir spazierengehn?"

„Halt! Was hast du da eben gesagt? Dicker?"

„Na und!" rief der Hase. „Sei doch nicht gleich beleidigt! Was bist du für einer!"

„Also gut", brummte der Elefant. „Jch will nicht so sein. Gehen wir!"

„Du bist ein prima Kerl", sagte der Hase. Und dann sind sie zusammen in der Welt herumspaziert. Schön war's.

Ein Vogelnest

In der Hecke ist ein Vogelnest.
Das haben Amseln gebaut.
Vier kleine Eier liegen darin.

Die Vogelmutter sitzt
auf den Eiern.
Mit ihren Federn
wärmt sie diese.
11—14 Tage muß sie brüten.

Dann schlüpfen die Vögel
aus den Eiern.
Noch sehen sie klein
und häßlich aus.

Da kommt der Vogelvater
und bringt Futter.
Weit sperren die Jungen
ihre Schnäbel auf.

Wie ein Schmetterling entsteht

Viele Eier legt
der Schmetterling
an die Unterseite
eines Blattes.

Aus den Eiern
schlüpfen die Raupen.

Die Raupe häutet sich.
Dann verpuppt sie sich.

Aus dieser Puppe kriecht
der fertige Schmetterling.

Wie schön er aussieht!
Wie er von Blüte
zu Blüte fliegt!

Die Geschichte vom schönen neuen Schmetterling

Einmal ist ein Schmetterling
aus einem Loch in der Mauer gekrochen,
ein ganz neuer Schmetterling.

Er hatte wunderschöne bunte Flügel,
aber er ist nicht fortgeflogen,
er ist auf der Mauer sitzen geblieben.

Die anderen Schmetterlinge sind an ihm vorbeigeflogen,
der Wind hat sie getragen,
und sie haben sich Nektar von den Blumen geholt.

Aber der neue Schmetterling hatte Angst vor dem Fliegen.
Die Bienen sind um ihn herum gesummt,
die Mücken haben um ihn herum getanzt,
und die dicke Hummel
ist über ihm durch die Luft gebrummt.

Aber der neue Schmetterling
hatte immer noch Angst vor dem Fliegen.

Seine schönen Flügel haben gezittert,
er hat die Fühler an seinem Kopf weit ausgestreckt,
und mit den Beinen hat er sich an der Mauer festgehalten.

Aber da ist der Wind gekommen.
Er hat den schönen neuen Schmetterling
einfach aufgehoben
und hoch in die Luft getragen.

Da mußte der Schmetterling fliegen,
und da wollte er
nur noch fliegen und fliegen,
so herrlich war das!

Löwenzahn

Löwenzahn, Löwenzahn,
zünde deine Lichtlein an!
Lichtlein hell und Lichtlein weiß,
Lichtlein auf der Wiese.

Zauberkerzen stehn im Kreis.
Pust ich oder niese,
löschen alle Lichtlein aus.
Dunkel wird's im Wiesenhaus.

Tausend Fünklein fliegen fort,
blühn an einem andern Ort.
Nächstes Jahr hebt's wieder an:
Löwenzahn, Löwenzahn!

Kurt Kölsch

Ich binde einen Kranz

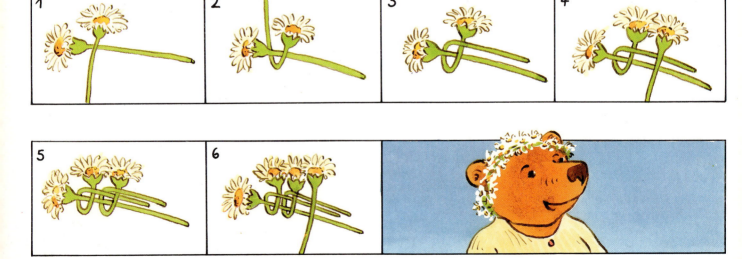

Obst am Spieß

Dafür brauchst Du
- zwei oder mehr Sorten Obst,
  zum Beispiel eine Banane,
  eine Birne, einige Weintrauben,
- ein Messer,
- ein Brettchen,
- einige Spieße aus Holz,
  etwa so lang:

Nun mußt Du
- das Obst gut waschen,
- es in kleine Stücke schneiden
- und die Stücke aufspießen. FERTIG!

Oder magst Du **Obstsalat** lieber?

Dann verrühre in einer Schüssel
einen Löffel Honig und
einen Löffel Zitronensaft.
Gib das zerkleinerte Obst dazu.
     GUTEN APPETIT!

Verschiedene Schriften

Auf dieser Seite steht immer dasselbe.
Aber es sieht immer anders aus.
Das haben vier Kinder für euch aufgeschrieben:

An alle Kinder, die lesen können. Viele Grüße.

In Japan wird
von oben nach unten
und von rechts
nach links geschrieben.
Atsuko zeigt es euch:

読むことができる
すべての子供たちに
よろしく
あつ子

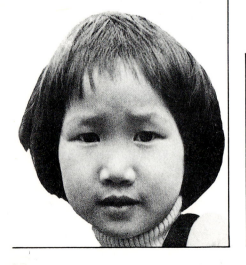

Ramin aus Persien hat euch
so geschrieben (von rechts
nach links):

In Indien gibt es verschiedene
Schriften. Arund schreibt so —
und zwar von rechts nach links:

அன்புக்குழந்தைகளுக்கு
மனமார்ந்த வாழ்த்துக்கள்
மகரம் சிங்கப்பெருமாள்

In Adas Heimat Griechenland
schreiben die Leute so:

ΣΕ ΟΛΑ ΤΑ ΠΑΙΔΙΑ ΠΟΥ
ΜΠΟΡΟΥΝ ΝΑ ΔΙΑΒΑΖΟΥΝ
ΠΟΛΛΟΥΣ ΧΑΙΡΕΤΙΣΜΟΥΣ.

ΑΝΤΑ

Jch gebe dir die Hände

Jch gebe dir die Hände
und schau dir ins Gesicht.
Daß wir so verschieden sind,
das stört uns wirklich nicht.

Jch gebe dir die Hände,
da kann es jeder sehn,
daß du und ich, daß ich und du,
daß wir uns gut verstehn.
                    Rolf Krenzer

Cornelia und die Uhr

Cornelia spielt mit ihren Puppen.
Sie schaut nach der Uhr.
Oh, es ist schon bald acht Uhr.
Und um acht muß Cornelia immer ins Bett.

Heute möchte Cornelia aber so gern
eine Stunde länger aufbleiben.

Wie schön ist es, die Puppen zu kämmen
und anzuziehen.
Jch gehe noch nicht um acht Uhr ins Bett.

Jch muß doch heute
meine Puppen noch baden.
Cornelia geht zur Uhr.

Sie streckt den Zeigefinger aus
und dreht den kleinen Zeiger
von der 8 zurück auf die 7.
Cornelia freut sich.

Eine Stunde lang
kann sie jetzt noch
die Puppen baden.
Und wirklich,
die Mutter kommt erst
nach einer Stunde
und bringt Cornelia ins Bett.

Am nächsten Morgen
fragt der Lehrer:
„Cornelia, warum kommst du
eine Stunde zu spät zur Schule?"

Henning und der Kalender

Henning steht vor dem Kalender.
Das Kalenderblatt
zeigt den 6. Juni an.
Am 20. Juni hat Henning Geburtstag.
Henning kann den Tag
kaum erwarten.
Er soll ein Fahrrad bekommen.

Es ist so schönes Wetter heute.
Hätte ich doch
morgen schon Geburtstag!
Wie kann ich das machen?
Vielleicht regnet es in zwei Wochen.
Jch möchte morgen
schon fahren.

Henning reißt ein Blatt
vom Kalender ab.
Und siehe da, jetzt ist
nicht mehr der 6. Juni.
Es ist schon der 7. Juni.
Er reißt noch ein Blatt ab.
Schon ist der 8. Juni.
Er reißt noch ein Blatt ab
und noch eins
und weiter
und weiter
bis zum 19. Juni.

Dann ruft Henning:
„Mutter! Mutter!
Morgen habe ich Geburtstag!"

Die sieben Tropfen

Vom Meer herüber kam eine große Wolke geflogen.
Jn der Wolke saßen hunderttausend und noch sieben Tropfen.

Alle hunderttausend Tropfen wollten weit übers Land fliegen.

Nur die sieben Tropfen konnten es nicht mehr erwarten.
Sie riefen: „Wir wollen springen!"

Die Wolke flog über ein Roggenfeld.
Die sieben Tropfen fragten einander: „Springen wir jetzt?"
„Nein!" sagten sie zueinander.

Die Wolke flog über einen Buchenwald.
„Springen wir jetzt?" fragten die sieben Tropfen einander.
„Nein!" sagten sie zueinander.

Die Wolke flog über sieben Kinder.
„Springen wir jetzt?" fragten die sieben Tropfen einander.
„Hurra!" riefen die sieben Tropfen. „Jetzt springen wir!"
Die sieben Kinder waren:
Jürgen, Jochen, Gerda, Helga, Martin, Sabine und Klaus.

Der erste Tropfen fiel Jürgen auf den Arm.
Der zweite Tropfen fiel Jochen auf die Zehen.
Der dritte Tropfen fiel Gerda auf die Stirn.
Der vierte Tropfen fiel Helga aufs Kinn.
Der fünfte Tropfen fiel Martin auf die Backe.
Sabine streckte die Hand aus.
Da fiel der sechste Tropfen darauf.
„Es regnet!" riefen die sechs Kinder.
„Ihr schwindelt!" rief Klaus.
Da fiel ihm der siebte Tropfen auf die Nase.
Alle sieben Kinder schauten zu der Wolke hinauf.
Aber kein Tropfen sprang mehr herab.

Die hunderttausend Tropfen sind weitergeflogen.
Und als sie weit genug geflogen waren,
sind sie alle gesprungen, einer nach dem andern.
Doch was sie alles erlebt haben,
das mußt du dir selber ausdenken.

Dann hast du was zu tun,
am Abend vor dem Einschlafen.

Der süße Brei

Es war einmal ein armes, frommes Mädchen,
das lebte mit seiner Mutter allein,
und sie hatten nichts mehr zu essen.

Da ging das Kind hinaus in den Wald,
und da begegnete ihm eine alte Frau,
die wußte seinen Jammer schon
und schenkte ihm ein Töpfchen,
zu dem sollte es sagen:
„Töpfchen koche",
so kochte es guten, süßen Hirsebrei,
und wenn es sagte:
„Töpfchen steh",
so hörte es auf zu kochen.

Das Mädchen brachte den Topf seiner Mutter heim,
und nun waren sie ihrer Armut
und ihres Hungers ledig
und aßen süßen Brei, so oft sie wollten.

Auf eine Zeit war das Mädchen ausgegangen,
da sprach die Mutter:
„Töpfchen koche."
Da kocht es, und sie ißt sich satt.
Nun will sie, daß das Töpfchen wieder aufhören soll,
aber weiß das Wort nicht.
Also kocht es fort,
und der Brei steigt über den Rand
und kocht immerzu,
die Küche und das ganze Haus voll
und das zweite Haus und die Straße,
als wollt's die ganze Welt satt machen,
und ist die größte Not,
und kein Mensch weiß zu helfen.

Endlich, wie nur noch ein einziges Haus übrig ist,
da kommt das Kind heim
und spricht nur:
„Töpfchen steh",
da steht es und hört auf zu kochen.
Und wer in die Stadt wollte,
der mußte sich durchessen.

Brüder Grimm

Fernsehen

Knispel ist von Anja
zum Geburtstag eingeladen worden.
Sie freut sich sehr und kauft
mit Frau Sander ein Geschenk.
Dazu malt sie ein Bild.
Sie zieht sich fein an
und geht erwartungsvoll
mit ihrem Päckchen
allein ins Nachbarhaus.

Nach vier Stunden erst
kommt eine blasse, müde,
mißmutige Knispel zurück.
„War es denn schön?" fragt Jan.
„Ach, es geht", sagt Knispel.
„Waren viele Kinder da?"
will Jan wissen.
„Jch glaube, sechs",
antwortet Knispel.
„Wieso glaubst du?
Du kannst doch zählen!" meint Jan.
„Ja, aber es war so dunkel",
erwidert Knispel.
„Das finde ich aber komisch.
Habt ihr im Dunkeln gespielt?"
erkundigt sich Jan hartnäckig.
Da schreit Knispel plötzlich los:
„Wir haben gar nicht gespielt!"
„Ja, aber was habt ihr dann
so lange gemacht?"
„Ferngesehen — die ganze Zeit!"

Eva Simon

Ein Geschenk für Milli

Als Milli-Maus bald Geburtstag hatte, sagte ihr Bruder Willi-Maus zur Familie: „Wir wollen Milli etwas Schönes schenken. Etwas zum Liebhaben. Ein Kuscheltier vielleicht?"

„Aber keine Katze!" sagte Mama-Maus.

„Nein, eine Katze nicht", sagte Willi. „Es gibt ja genügend andere Tiere. Ich fahre gleich los und besorge welche. Dann kann Milli sich aussuchen, was ihr gefällt. Übermorgen komme ich zurück."

„Gute Reise!" sagten die Mäuse. „Und komm gesund wieder."

Also fuhr Willi los.

Zuerst fuhr er nach Wesel
und kaufte einen Esel.
Dann fuhr er nach Lüttich
und kaufte einen Wellensittich.
Dann fuhr er nach Amsterdam
und brachte einen Hamster an.
Dann fuhr er nach Bebra
und kaufte dort ein Zebra.
Dann fuhr er nach Halle
und kaufte eine Qualle.
Dann fuhr er nach München
und kaufte ein Pudelhündchen.
Dann fuhr er nach Forchheim
und kaufte einen Storch ein.
Dann fuhr er nach Basel
und kaufte einen Hasen.
Dann fuhr er nach Bad Ischl
und kaufte bunte Fischl.
Dann fuhr er nach Paderborn
und kaufte dort ein Nasenhorn.
Dann fuhr er nach Xanten
und kaufte einen Elefanten.
Dann fuhr er nach
Go-se-lar,
weil er dort
zu Hause war!

Als Willi mit den vielen Tieren vor der Tür stand, riefen die Mäuse: „Auwei! Was wird Milli dazu sagen?"

Milli sagte gar nichts.

„Du kannst dir eins aussuchen", sagte Willi. „Jch habe Rückgabe ausgemacht."

Milli betrachtete lange die Tiere. Sie gefielen ihr alle sehr. Endlich sagte sie: „Jch nehme den Elefanten. Der hat so große Ohren."

Da hatte Milli recht.

Sie behielt den Elefanten und wisperte ihm ins Ohr: „Du, ich mag dich."

Hanna Hanisch

Die Teddybär-Geschichte

Jn einem Wald, in dem die Bäume besonders dicht standen und es immer ein bißchen dämmrig war, wohnte einmal eine Bärenfamilie.

„Sei nicht so vorwitzig und bleib immer schön hinter mir!" sagte Mutter Bär zu ihrem Bärenkind, wenn sie zusammen durch den Wald streiften.

Zuerst war der kleine Bär auch ganz brav. Aber als er größer wurde, hörte er nur noch mit einem Ohr auf die Worte der Mutter, dann nur noch mit einem halben und schließlich mit keinem mehr.

„Jch wüßte zu gern", brummte er zu sich selbst, „wie es hinter den Bäumen aussieht."

Und eines Tages, als Vater Bär und Mutter Bär nicht so gut aufpaßten, lief der kleine Bär davon.

Er lief durch den Wald, über Wiesen und Felder.

Weil er schon ein bißchen müde war, blieb er vor einem Haus stehen, das von einem kleinen Garten umgeben war.

Auf einer Bank saß ein Mädchen und weinte.

„Niemand spielt mit mir!" schluchzte es. Die Tränen liefen ihm dabei über die Wangen.

Das Bärenkind sah das kleine Mädchen an. ‚Wie gerne würde ich mit ihm spielen', dachte es.

„Wenn du möchtest", brummte er, „dann können wir uns ein bißchen schubsen."

„Wie geht das?" fragte das Mädchen neugierig.

„Du schubst mich mit dem kleinen Finger und ich dich mit meiner Nase, und wer dabei grob wird, der hat verloren."

Damit war das Mädchen einverstanden.

Das Bärenkind kletterte über den Zaun, und sie spielten Schubsen, bis ihnen die Lust dazu verging.

Später zeigte das Mädchen dem kleinen Bären seine Schaukel. Sie schaukelten, spielten Ball und lachten zusammen.

Am Abend, als es an der Zeit war, ins Bett zu gehen, durfte der kleine Bär im Puppenwagen schlafen. Die Mutter des Mädchens deckte ihn wie ihr eigenes Kind zu.

Jn der Nacht träumte das Bärenkind vom Wald, von Vater Bär und Mutter Bär. Sie weinten, weil ihr Kind davongelaufen war.

Als der kleine Bär am nächsten Morgen aufwachte, war er krank. Er schlotterte an allen Tatzen.

„Was fehlt dir?" fragte ihn das kleine Mädchen.

„Mich friert's", brummte das Bärenkind unglücklich.

„Aber du hast doch einen dicken Pelz. Wie kannst du da frieren?"

„Mich friert's unter dem Pelz", jammerte der Bär. „Jrgendwie inwendig."

Da rief das Mädchen seine Mutter, und die Mutter rief den Vater. Alle beratschlagten, was man für das Bärenkind tun könne.

„Jch glaube, es ist Heimweh", sagte der Vater auf einmal.

Und weil er ein kluger Mann war und wußte, wo die Bären wohnten, nahm er das kleine Bärenkind huckepack und trug es zurück in den großen Wald. Er brachte es dorthin, wo die Bäume besonders dicht standen und wo es immer ein bißchen dämmrig war.

Mutter Bär und Vater Bär freuten sich, als sie ihr Kind wiedersahen. Sie umarmten es, und der kleine Bär war gleich wieder gesund.

Das Mädchen aber weinte, weil es das Bärenkind so gern behalten hätte.

Da setzte sich seine Mutter hin und nähte einen kleinen Stoffbären.

„Er sieht genauso aus wie mein Bärenkind", sagte das kleine Mädchen und nahm den Teddy glücklich in die Arme.

Sigrid Heuck

Wenn Maja traurig ist

1. Manchmal hat Maja mit
   Mama und Papa Streit,
   weil die sie einfach nicht
   verstehen.

   Dann läuft sie in ihr Zimmer.

   Zusammen mit dem Teddy
   setzt sie sich in eine Ecke
   und träumt.

2. Maja träumt, daß vor
   ihrem Fenster ein großer,
   bunter Ballon auftaucht.
   Am Ballon hängt ein Korb.

   Maja öffnet das Fenster
   und klettert in den Korb.

   Der Teddy kommt auch mit.

   Dann fliegen Maja und
   der Teddy mit dem Ballon
   davon.

3. Höher und höher fliegt der Ballon mit Maja und dem Teddy.

   Unter ihnen liegen das Haus, in dem Maja wohnt, und die ganze Stadt.

   Wenn Mama und Papa jetzt aus dem Fenster zu Maja hinaufschauen würden, so könnten sie Maja nur als ganz kleinen Punkt am Himmel sehen.

   Ob Mama und Papa wohl sehen würden, wenn Maja ihnen jetzt zuwinkt?

4. Plötzlich geht die Tür zum Kinderzimmer auf. Mama und Papa schauen ganz vorsichtig hinein.

   „Hallo Maja", sagen sie. „Wollen wir uns wieder vertragen?"

   Maja überlegt, dann fragt sie den Teddy.

   „Jn Ordnung", sagt sie. „Wenn ihr wüßtet, wo Teddy und ich gewesen sind."

Sankt Martins-Lied

Text: Rolf Krenzer
Musik: Ludger Edelkötter

1. Martin, Martin, guter Mann,
reite unserm Zug voran!
Alle Kinder ziehen mit,
und so laut klingt unser Lied,
daß uns jeder hören kann,
Martin, Martin, guter Mann,
Martin, Martin, guter Mann.

2. Martin, Martin, guter Mann,
reite unserm Zug voran!
Jn die dunk'le Nacht hinein
leuchtet der Laternenschein,
daß uns jeder sehen kann,
Martin, Martin, guter Mann,
Martin, Martin, guter Mann!

3. Martin, Martin, guter Mann,
reite unserm Zug voran!
Hilf, daß der, der reich und satt,
mit dem teilt, der gar nichts hat,
so wie du es einst getan,
Martin, Martin, guter Mann,
Martin, Martin, guter Mann.

Wenn uns're Kerze brennt

Text: Rolf Krenzer
Musik: Ludger Edelkötter

1. Wenn uns're Kerze brennt,
   dann feiern wir Advent.
   Es sagt das Licht mit seinem Schein:
   Gott wird stets bei uns sein.
   Wir feiern den Advent.
   Wir feiern den Advent.

2. Wir machen uns bereit,
   jetzt für die Weihnachtszeit.
   Als Gottes Sohn zur Welt gebracht
   in einer dunklen Nacht.
   Wir machen uns bereit.
   Wir machen uns bereit.

3. Da kam das Licht herein,
   zu uns mit seinem Schein.
   Wir freu'n uns, wenn die Kerze brennt,
   und feiern den Advent.
   Wir feiern den Advent.
   Wir feiern den Advent.

Als Nikolaus Bischof von Myra war,
das war vor mehr als tausend Jahr,
da half er den Menschen
        bei Kummer und Not,
den hungernden Kindern
        gab er Brot.

Seitdem sind die Kinder dem heiligen Mann
von ganzem Herzen zugetan.

Komm auch zu uns in unser Haus!
Komm, lieber, guter Nikolaus!

Der 24. Dezember

Jetzt kann es nicht mehr lange dauern.

Und wahrhaftig, kaum haben sie das Geschirr beiseite gestellt, da hören sie es im Garten klingeln.

„Der Schlitten! Der Schlitten!" ruft Schnüpperle. „Sie sind da!"

Annerose und Schnüpperle setzen sich auf die Bank und lauschen. „Hörst du's sprechen?" flüstert Annerose. „Es hat eine ganz leise Stimme."

„Müssen die aber viel bringen!" flüstert Schnüpperle.

„Die Tür geht immerfort auf und zu."

Jetzt ist es eine Weile still. Und dann läutet die Glocke im Wohnzimmer!

„Oma!" ruft Schnüpperle und faßt nach Omas Hand.

Annerose geht auf Zehenspitzen.

Da macht Mutter die Tür auf. Sie sehen nur den Christbaum. Er reicht vom Fußboden bis zur Zimmerdecke und strahlt im Lichterschein.

O du fröhliche, o du selige,
gnadenbringende Weihnachtszeit!
singen Vater und Mutter. Oma und Annerose singen mit:
Welt ging verloren, Christ ist geboren,
freue, freue dich, o Christenheit!

Schnüpperle kann es nur sprechen. Er sieht den Christbaum und kann vor lauter Freude nicht singen.

*O du fröhliche, o du selige
gnadenbringende Weihnachtszeit!
Christ ist erschienen,
uns zu versühnen,
freue, freue dich, o Christenheit!*

Als sie Atem holen und zum dritten Vers ansetzen, macht es plötzlich: „Wa! Wawa!"

„Mutter!" schreit Schnüpperle. „Mutter!" Er läßt Omas Hand los, rennt zwischen Vater und Mutter hindurch und schiebt den Sessel zur Seite. Den dritten Vers müssen Vater, Mutter und Oma allein zu Ende bringen, denn jetzt ist auch Annerose nicht mehr zu halten.

„Tina! Tina! Meine liebe kleine Tina! Seht doch bloß, sie hat ein Taufkleid an aus rosa Seide und ein rosa Himmelbett!"

Von Schnüpperle ist gar nichts mehr zu sehen.

Schnüpperle sitzt glückselig in einem Hundekorb und drückt sein Hundebaby an sich.

„Mein Weihnachtshund!" ruft Schnüpperle. „Mein Weihnachtshund ist genauso, wie ich ihn wollte! Er hat ganz lange Ohren und braune Augen und vier Beine und so ein niedliches kleines Stummelschwänzchen. Und er gehört mir, ganz alleine mir!"

Barbara Bartos-Höppner

Der tolpatschige Osterhase

Es war einmal ein kleiner tolpatschiger Osterhase.
Dem fiel beim Ostereiermalen
immerzu der Pinsel hin,
oder er tupfte mit der Nase
oder mit den Ohren in die Farbe.
So hatte er schließlich eine rote Nase,
ein gelbes und ein grünes Ohr,
ein blaues und ein weißes Bein
und ein violettes Puschelschwänzchen.

Alle anderen Osterhasen lachten,
wenn sie ihn sahen:
„Hahaha, du hast ja eine ganz rote Nase",
und: „Hahaha, du hast ja ein gelbes Ohr",
und so weiter.

Zum Schluß fielen ihm alle Farbtöpfe um,
und auf dem Boden gab es eine große Pfütze.

„Ach du liebe Zeit!" rief der kleine Osterhase.
Und dabei stieß er aus Versehen an den Tisch,
und alle Eier, die er schon angemalt hatte,
und auch die, die er noch nicht angemalt hatte,
fielen hinunter in die bunte Pfütze.
Es war noch ein Glück, daß sie nicht kaputtgingen,
denn der Waldboden war weich vom Moos
und von den Gräsern.

Wieder lachten die anderen Hasen
über den armen kleinen Tolpatsch,
und der weinte eine Zeitlang.
Aber als er anfing,
die Eier wieder in den Korb einzusammeln,
da sah er, daß . . .

Jnhaltsverzeichnis

Seite							
	2	Auf dem Weg zur Schule	U	u			
	4	Malen in der Klasse	M	m			
	6	Wie heißt du?	J	i			
	8	Am Abend im Kinderzimmer	A	a			
	10	Am Zebrastreifen	T	t			
	12	Susi	S	s			
	14	Oma	O	o			
	16	Alle malen Umi	L	l			
	18	Nina sucht das N/n	N	n			
	20	Alle lesen	E	e			
	22	Was ist im Ei?	Ei	ei			
	24	Willi weint	W	w			
	26	Wir reimen	R	r			
	28	Eine Dose	D	d	ie		
	30	Eine Maus	Au	au			
	32	Jm Haus	H	h			
	34	Lisa und Fred helfen	F	f			
	36	Wo ist Kati?	K	k			
	38	Kati ist krank	B	b			
	40	Ausschneiden und kleben	Sch	sch			
	42	Christina kann nicht einschlafen	Ch	ch			
	44	Gefunden	G	g			
	46	Pause	P	p			
	48	Ein Fest	Ü	ü	ck		
	50	Vater	V	v			
	52	Bimbo, das Äffchen	Ä	ä	ß		
	54	Sterne	St	st			
	56	Vater kauft ein	Ö	ö			
	58	Bei der Zahnärztin	Z	z			
	60	Spannung, Spiel und Spaß	Sp	sp	Y	y	
	62	Träume	Äu	äu	C	c	
	64	Geburtstagskalender der Klasse 1	J	j	ai		
	66	Der dicke fette Pfannkuchen	Pf	pf	tz		
	68	Die kleine Eule sucht einen Freund	Eu	eu			
	70	Hexe Trixi Wackelzahn	X	x			
	72	Eine Quatschgeschichte	Qu	qu			

74	Fips, der kleine Hund
75	Krümel
76	Die ganze Familie
77	Mein Freund und ich
78	Siebenschläfergeschichte
79	Der Hase und der Elefant
80	Ein Vogelnest
81	Wie ein Schmetterling entsteht
82	Die Geschichte vom schönen neuen Schmetterling
84	Löwenzahn
85	Obst am Spieß
86	Verschiedene Schriften
87	Jch gebe dir die Hände
88	Cornelia und die Uhr
89	Henning und der Kalender
90	Die sieben Tropfen
92	Der süße Brei
94	Fernsehen
96	Ein Geschenk für Milli
98	Die Teddybär-Geschichte
100	Wenn Maja traurig ist
102	Sankt Martins-Lied
103	Wenn uns're Kerze brennt
104	Als Nikolaus Bischof von Myra war
106	Der 24. Dezember
108	Der tolpatschige Osterhase
110	Jnhaltsverzeichnis
112	Quellenverzeichnis
113	Bildnachweis

Quellenverzeichnis

S. 8: Gute Nacht. Paul Maar. Aus: Hansjörg Martin/Boris H. Schmidt (Hrsg.), Es kommt ein Bär von Konstanz her. Reinbek b. Hamburg: rororo 1986 (rororo rotfuchs Bd. 425) — S. 13: Eine schwarze Miezekatze. Roswitha Fröhlich. Aus: Hansjörg Martin/Boris H. Schmidt (Hrsg.), Es kommt ein Bär von Konstanz her. Reinbek b. Hamburg: rororo 1986 (rororo rotfuchs Bd. 425) — S. 25: Hier sitzen zwei Bärchen. Marianne Junghans. Aus: Hansjörg Martin/Boris H. Schmidt (Hrsg.), Es kommt ein Bär von Konstanz her. Reinbek b. Hamburg: rororo 1986 (rororo rotfuchs Bd. 425) — S. 25: Paul, der Bär. Aus: spielen und lernen. Jahrbuch für Kinder 1985, Seelze: Velber 1985 — S. 27: Schwi — Schwa — Schweinchen. Dietrich Lange. Aus: Hansjörg Martin/Boris H. Schmidt (Hrsg.), Es kommt ein Bär von Konstanz her. Reinbek b. Hamburg: rororo 1986 (rororo rotfuchs Bd. 425) — S. 37: Umi tröstet. Jngeburg Kanstein. Aus: Hansjörg Martin/Boris H. Schmidt (Hrsg.), Es kommt ein Bär von Konstanz her. Reinbek b. Hamburg: rororo 1986 (rororo rotfuchs Bd. 425) — S. 55: Stern, Stern, scheine. Paula Dehmel. Aus: Richard R. Klein (Hrsg.), Willkommen, lieber Tag. Bd. 1. Frankfurt/M.: Diesterweg 1964 — S. 55: Er nimmt zu und nimmt ab. Aus: Marga Arndt/Waltraud Singer (Hrsg.), Das ist der Daumen Knudeldick. Ravensburg: O. Maier 1988, 9. Aufl. — S. 66: Der dicke fette Pfannkuchen. Aus: spielen und lernen, Heft 11, 1982. Seelze: Velber 1982 — S. 71: Schwarze Katz und Zuckermaus. Aus: Eveline Hasler, Hexe Lakritze. Reinbek b. Hamburg: rororo 1981 (rororo rotfuchs Bd. 273) — S. 72: Eine Quatschgeschichte. Aus: Elisabeth Stiemert/Wilfried Blecher, Angeführt! Angeführt! Oldenburg: Stalling 1977 — S. 74: Fips, der kleine Hund. Ture Casserberg. Aus: Mein erstes Taschenbuch. Ravensburg: O. Maier 1972 (Ravensburger Taschenbücher Bd. 18) — S. 75: Krümel. Aus: Eva Simon, Geschichten von Jan und Knispel. München: dtv 1987 (dtv junior Bd. 7575) — S. 78: Siebenschläfergeschichte. Aus: Hanna Muschg-Johansen, Siebenschläfergeschichten. München: dtv 1988 (dtv junior Bd. 70128) — S. 79: Der Hase und der Elefant. Aus: Josef Guggenmos, Wer braucht tausend Schuhe? München: F. Schneider 1988 — S. 82: Die Geschichte vom schönen neuen Schmetterling. Aus: Ursula Wölfel, Siebenundzwanzig Suppengeschichten. Düsseldorf: Hoch 1968 — S. 84: Löwenzahn. Text von Kurt Kölsch. Aus: Willkommen. lieber Tag. Bd. 1. Diesterweg: 12. Aufl. 1975 — S. 86: Verschiedene Schriften. Aus: spielen und lernen, Heft 6, 1978. Seelze: Velber 1978 — S. 87: Jch gebe dir die Hände. Rolf Krenzer. Aus: Jch gebe dir die Hände. Neue Spiellieder zum Gernhaben. Von Rolf Krenzer und Ludger Edelkötter. Drensteinfurt: JMPULSE-Musikverlag 1983 — S. 88: Cornelia und die Uhr. Aus: Muth/Renneberg/Herbst, Lustige Leseschule. Bochum: Kamp o. J. — S. 89: Henning und der Kalender. Aus: Muth/Renneberg/Herbst, Lustige Leseschule. Bochum: Kamp o. J. — S. 90: Die sieben Tropfen. Aus: Josef Guggenmos, Kunterbunt heißt unser Hund, unser Hund heißt Kunterbunt. Bayreuth: Loewes 1974 — S. 92: Der süße Brei. Erzählt nach den Brüdern Grimm. Aus: Kinder- und Hausmärchen, gesammelt durch die Brüder Grimm. Zweiter Teil. Frankfurt/M.: Jnsel o. J. — S. 94: Fernsehen. Aus: Eva Simon, Geschichten von Jan und Knispel. München: dtv 1987 (dtv junior Bd. 7575) — S. 96: Ein Geschenk für Milli. Hanna Hanisch. Aus: Hanna Hanisch, Neue Drei-Minuten-Geschichten. Reinbek b. Hamburg: rororo 1990 (rororo rotfuchs Bd. 579) — S. 98: Die Teddybär-Geschichte. Sigrid Heuck. Aus: Herbert Ossowski (Hrsg.), Lies mir doch was vor! München: dtv 1986 (dtv junior Bd. 70098) — S. 100: Wenn Maja traurig ist. Aus: spielen und lernen, Heft 7, 1988. Seelze: Velber 1988 — S. 102: Sankt Martins-Lied. Text von Rolf Krenzer, Musik von Ludger Edelkötter. Aus: Musikkassette 1022, Wir feiern heut' ein Fest. Rechte bei: Drensteinfurt: JMPULSE-Musikverlag 1983 — S. 103: Wenn uns're Kerze brennt. Text von Rolf Krenzer, Musik von Ludger Edelkötter. Aus: Musikkassette 1022, Wir feiern heut' ein Fest. Rechte bei: Drensteinfurt: JMPULSE-Musikverlag 1983 — S. 106: Der 24. Dezember. Aus: Barbara Bartos-Höppner, Schnüpperle. München: Bertelsmann 1989 — S. 108: Der tolpatschige Osterhase. Aus: Heinrich Hannover, Das Pferd Huppdiwupp. Reinbek b. Hamburg: rororo 1972 (rororo rotfuchs Bd. 5)

Bildnachweis

Bielfeld/Bavaria, Gauting, S. 80; Chrile/Mauritius, Mittenwald, S. 81; Claußen, Hamburg, S. 58; Harstrick/Bavaria, Gauting, S. 81; Harstrick/Mauritius, Mittenwald, S. 81; Holder/Bavaria, Gauting, S. 80; Sauer/Bavaria, Gauting, S. 80

Lesestart,
ein analytisch-synthetischer Leselehrgang,
der folgende Materialien umfaßt:

	Bestell-Nr.
Druckschriftausgabe	
Schülerbuch — mit bunten Bildern, mit Buchstabenkarten, Efalin, 120 Seiten	10810—7
Arbeitsheft „Übungen" — 72 Seiten, zweifarbig	10818—3
Lehrerkommentar — ca. 72 Seiten	10819—0
Schreibschriftausgabe	
Schülerbuch — mit bunten Bildern, mit Buchstabenkarten, Efalin, 120 Seiten	10811—5
Arbeitsheft „Übungen" — 72 Seiten, zweifarbig	10830—1
Schreiblehrgang — Lateinische Ausgangsschrift, 56 Seiten	10812—3
Schreiblehrgang — Vereinfachte Ausgangsschrift, 56 Seiten	10814—X
Schreiblehrgang — Druckschrift, 32 Seiten	10813—1
Schreiblehrgang — Druckschrift und Lateinische Ausgangsschrift, 80 Seiten	10816—6
Schreiblehrgang — Druckschrift und Vereinfachte Ausgangsschrift, 80 Seiten	10817—4
Ersatz-Buchstaben	10815—8
Umi-Bär, Handpuppe	20145—X
Umi-Stempel	20721—0
Umis Buchstabenzirkus (ein Buchstabenhaus, vierfarbig, im Format 60 x 84 cm)	
— Druckschrift plus LA	20723—7
— Druckschrift plus VA	20724—5

Illustrationen: Magdalene Hanke-Basfeld

ISBN: 3—592—10810—7

Genehmigt für den Gebrauch in Schulen:
Baden-Württemberg III/1 — 6551.11 — Kamp 33
Berlin VI D 6
Bremen 23—33 — 02/1
Hessen VII A 3.1 — 674/221
Niedersachsen 2063 — 82 221 — 10.940/1
Nordrhein-Westfalen I A 5-82-11 L.Nr. 525/90
Rheinland-Pfalz
Schleswig-Holstein IPTS 210 b — 8620 — 142/90

© 1991 by Verlag Ferdinand Kamp GmbH & Co, KG Bochum
Nach dem Urheberrecht vom 9. September 1965 i. d. F. vom 10. November 1972
ist die Vervielfältigung oder Übertragung urheberrechtlich geschützter Werke,
also auch der Texte, Illustrationen und Graphiken dieses Buches, nicht gestattet.
Dieses Verbot erstreckt sich auch auf die Vervielfältigung für Zwecke der Unterrichtsgestaltung
— mit Ausnahme der in den §§ 53, 54 URG ausdrücklich genannten Sonderfälle —,
wenn nicht die Einwilligung des Verlages vorher eingeholt wurde.
Im Einzelfall muß über die Zahlung einer Gebühr
für die Nutzung fremden geistigen Eigentums entschieden werden.
Als Vervielfältigung gelten alle Verfahren einschließlich der Fotokopie,
der Übertragung auf Matrizen, der Speicherung auf Bändern,
Platten, Transparenten oder anderen Medien.

Herstellung: Verlag Ferdinand Kamp GmbH & Co, KG Bochum

1. Auflage, 3., 4., 5., 6., 7. unveränderter Druck 96, 95, 94, 93, 92
Alle Drucke (vom ersten bis zum siebten) dieser Auflage können im Unterricht nebeneinander
benutzt werden.
Die erste Zahl gibt den derzeitigen Druck an, die letzte dessen Erscheinungsjahr.

Der Innenteil wurde gedruckt auf chlorfrei gebleichtem, umweltfreundlichem Papier.